Dados Internacionais de Catalogação na Publicação (CIP)
(Câmara Brasileira do Livro, SP, Brasil)

Bona, Pasquale
 Método completo de divisão musical / Pasquale Bona ; revisão do prof. Yves Rudner Schmidt ; Ed. rev. e ampl. -- São Paulo : Irmãos Vitale.

 1. Música - Estudo e ensino
 2. Solfejo
   I. Schmidt, Yves Rudner.
   II. Título.

ISBN 978-85-7407-462-7

96-3888 CDD-781.423

Indices para catálogo sistemático:

1. Divisão musical   781.423

PASQUALE BONA, COMPOSITOR, NASCEU EM CERIGNOLA (APULIAS, ITÁLIA) EM 3 DE NOVEMBRO DE 1816 E MORREU EM 2 DE DEZEMBRO DE 1878. LECIONOU CANTO NO CONSERVATÓRIO DE MILÃO.

EXPRESSAMENTE COMPOSTO PARA OS DISCÍPULOS
DO REAL CONSERVATÓRIO DE MÚSICA DE MILÃO

INSTRUÇÕES ELEMENTARES DA TEORIA MUSICAL

MÚSICA é a arte de expressar a combinação de sons de uma maneira lógica e agradável.
Dividida em três partes: MELODIA, HARMONIA e RITMO, possui quatro propriedades: ALTURA, DURAÇÃO, INTENSIDADE e TIMBRE.

Divisão =
- MELODIA: sequência combinada de sons.
- HARMONIA: combinação de sons executados simultaneamente.
- RITMO: disciplina o tempo na execução dos sons, medida de duração das notas (dos valores).

Propriedades =
- ALTURA: distribuição dos sons em graves, médios e agudos.
- DURAÇÃO: tempo de vibração (emissão) dos sons.
- INTENSIDADE: grau de força empregada na execução dos sons (mais fortes ou fracos).
- TIMBRE: é a qualidade e reconhecimento dos sons.

Os sons recebem o nome de NOTAS (Dó, Ré, Mi, Fá, Sol, Lá e Si) e as escrevemos numa "Pauta", também conhecida como "Pentagrama" que é um conjunto de cinco linhas e quatro espaços paralelos e horizontais que são contados de baixo para cima:

5ª linha
4ª linha ——————————————————— 4º espaço
3ª linha ——————————————————— 3º espaço
2ª linha ——————————————————— 2º espaço
1ª linha ——————————————————— 1º espaço

Na existência de notas mais graves ou mais agudas, adicionamos pequenas linhas e espaços chamados suplementares superiores e inferiores:

SUPERIORES

INFERIORES

Para que os sons recebam nome (notas) é necessário a existência de CLAVES (Chaves). Colocadas no pentagrama dão nome às notas.
Existem três: SOL, FÁ e DÓ.
São mais usadas as seguintes:

Porém, a posição na pauta pode variar, determinando o nome da nota onde se assenta. Antigamente todas eram usadas, hoje em dia têm mais utilidade na transposição.

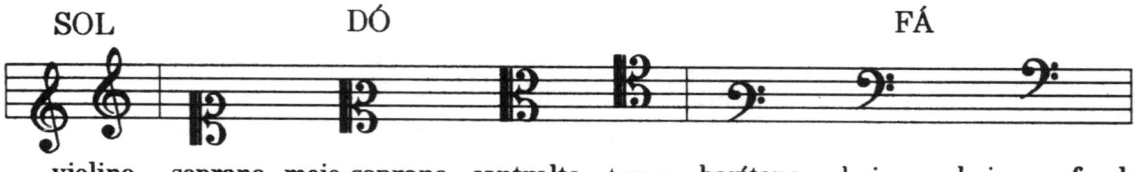

CORRESPONDÊNCIA UNÍSSONA DAS CLAVES

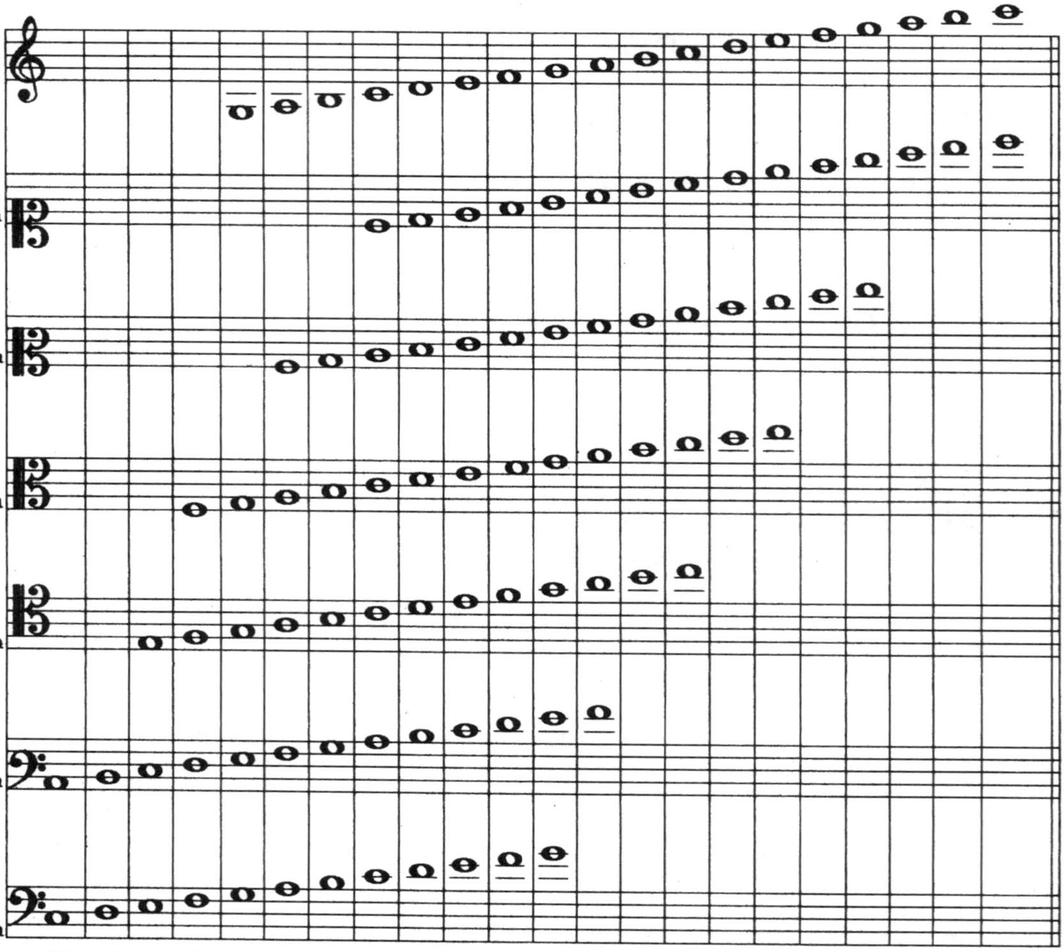

NOTAS NO PENTAGRAMA

Em clave de SOL e nas linhas suplementares inferiores e superiores:

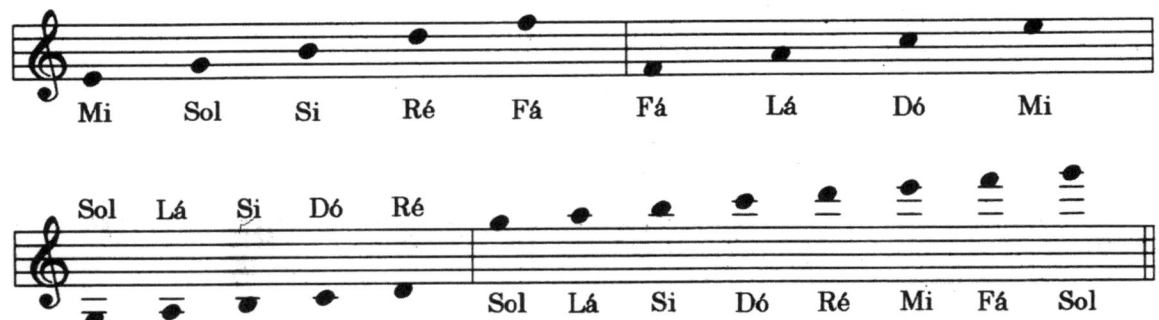

Em clave de FÁ e nas linhas suplementares inferiores e superiores:

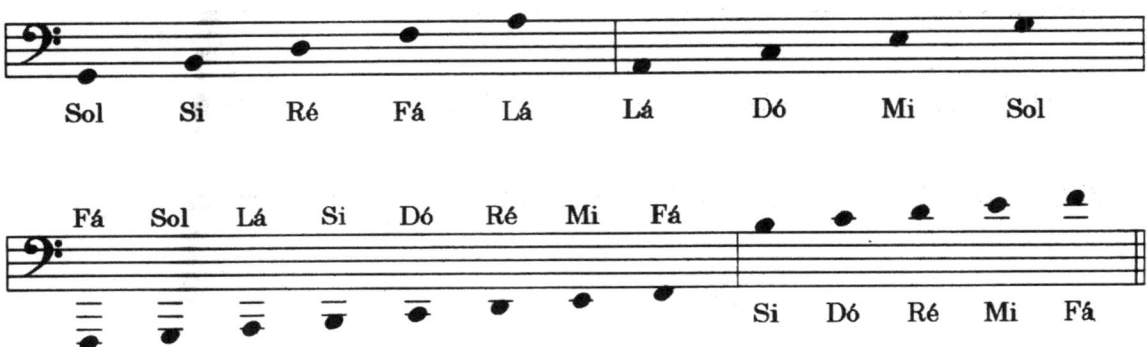

FIGURA DA NOTA E DA PAUSA - VALOR

A figura da nota indica a duração do som e a figura da pausa indica a duração do silêncio.

NOTA = exprime o som - valor positivo.

PAUSA = exprime silêncio - valor negativo.

Considera-se "valor" o tempo de duração do som (da nota) e da pausa (silêncio) que são variáveis.

FIGURAS CORRESPONDENTES

	semibreve	mínima	semínima	colcheia	semicolcheia	fusa	semifusa
NOTAS	𝅝	𝅗𝅥	♩	♪	𝅘𝅥𝅯	𝅘𝅥𝅰	𝅘𝅥𝅱
VALOR	1	1/2	1/4	1/8	1/16	1/32	1/64
PAUSAS	𝄻	𝄼	𝄽	𝄾	𝄿	𝅀	𝅁

Tomando a SEMIBREVE como base e figura de maior valor (duração), as demais valem a metade da sua antecedente ou o dobro proporcional da seguinte.

QUADRO COMPARATIVO DAS FIGURAS (VALORES)

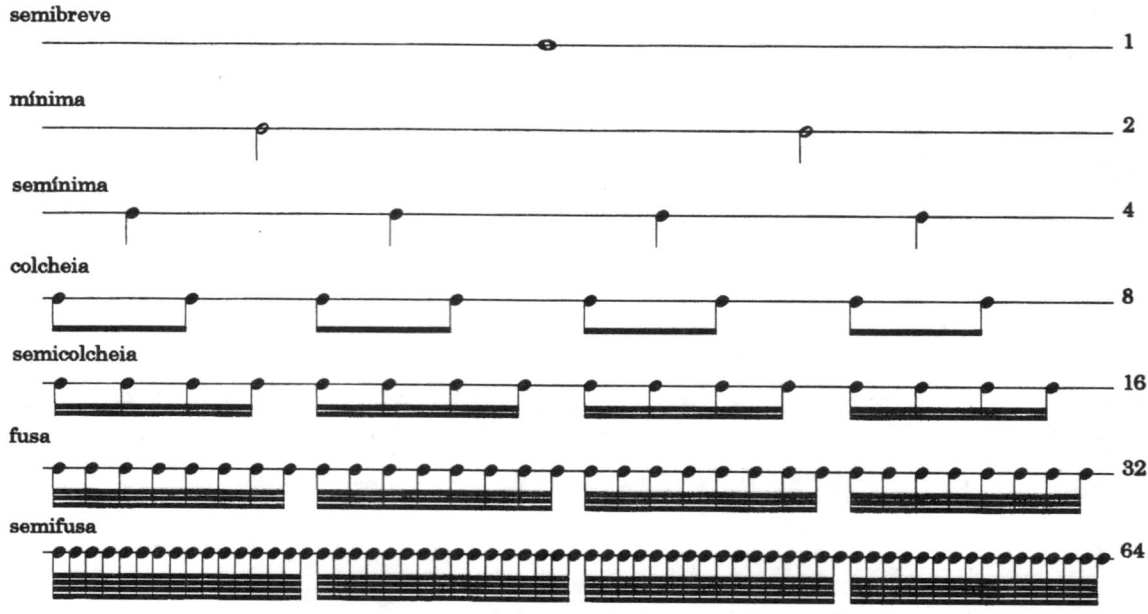

FERMATA (Suspensão, coroa)

É um sinal que colocado em cima ou abaixo de uma nota ou pausa serve para dar-lhes um valor indeterminado:

No momento, usa-se esta fermata ⊓ para indicar uma prolongação mais curta do que esta ⌒.

COMPASSO

COMPASSO é a divisão da música em tempos iguais (pequenas partes de duração). Às vezes variáveis. É medida métrica e rítmica.
São "simples" ou "compostos", existindo ainda, os "mistos" e "grupos irregulares".

TEMPO é uma pequena parte de duração dentro de um compasso. Podem ser fortes, meio-fortes ou fracos, dependendo de sua maior ou menor acentuação no discurso musical. Geralmente o 1º tempo é forte e os demais meio-fortes ou fracos.

Compassos de: 2 tempos = binário
3 tempos = ternário   os mais usados
4 tempos = quaternário
5 tempos = quinário
7 tempos = setenário

Obs.: O professor deverá ensinar a forma numérica da grafia.

Para marcarmos o compasso (solfejo) com a mão, utilizamos os seguintes movimentos:

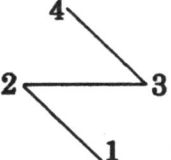 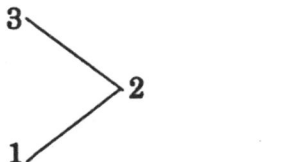

Costuma-se também, marcar o compasso com o pé (geralmente nos tempos fortes).

No "pentagrama" os compassos são separados por uma linha divisória, chamada de "barra de divisão" ou "travessão":

Barra simples   **Dupla-barra**   **Barra final**
(que divide a música em seções)   (é mais grossa)

PONTO DE AUMENTO

Escrito ao lado (à direita) da nota, serve para aumentar a metade do valor da mesma. Pode-se acrescentar um segundo ponto e a nota é aumentada em 3/4 de seu valor - "duplo-ponto"; o mesmo acontece com a pausa:

PONTO DE DIMINUIÇÃO

Escrito em cima ou embaixo da nota, diminui a metade de seu valor.

ACIDENTES OU SINAIS DE ALTERAÇÃO

O tom é a nota fundamental em que se estabelece qualquer composição. Os tons podem também conhecer-se pelo número de acidentes junto à clave. As notas (os sons) podem sofrer alterações (elevados ou baixados) de semitom (meio tom) ou de tom (inteiro) em sua altura, sem mudarem o nome, indicados pelas seguintes denominações e sinais (na altura):

SUSTENIDO = ♯ eleva a altura da nota em um semitom ou meio grau;

DOBRADO SUSTENIDO = ♯♯ ou 𝄪 eleva a altura da nota em dois semitons (um tom) ou um grau;

BEMOL = ♭ baixa a altura da nota em um semitom ou baixa meio grau;

DOBRADO BEMOL = ♭♭ baixa a altura da nota em dois semitons (um tom) ou um grau;

BEQUADRO = ♮ anula os quatro acidentes anteriores, restituindo à nota o seu estado primitivo - tom natural.

Os acidentes podem ser "FIXOS" ou "OCORRENTES".

FIXOS - quando aparecem junto a clave, no início do pentagrama:

OCORRENTES - quando aparecem, no decorrer da música, junto a uma nota:

ARMADURA DE CLAVE: são os ACIDENTES (fixos) junto a CLAVE pela ordem:

SUSTENIDOS   BEMÓIS

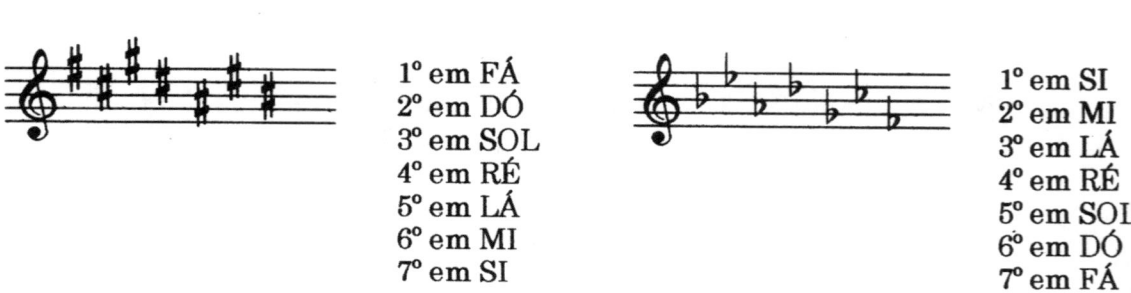

1º em FÁ   1º em SI
2º em DÓ   2º em MI
3º em SOL   3º em LÁ
4º em RÉ   4º em RÉ
5º em LÁ   5º em SOL
6º em MI   6º em DÓ
7º em SI   7º em FÁ

ESCALA

ESCALA é a sucessão ascendente ou descendente de oito notas, separadas por tons e semitons:

Essa notas se denominam "graus" da escala

I	grau = Tônica	
II	grau = Super-tônica ou Sobre-tônica	
III	grau = Mediante	
IV	grau = Sub-dominante	FUNÇÕES
V	grau = Dominante	
VI	grau = Super-dominante ou Sobre-dominante	
VII	grau = Sensível	
VIII	grau = Oitava ou repetição da Tônica	

A escala pode ser:

CROMÁTICA - quando as notas se sucedem por semitons. Conhecida também como SEMITONADA:

DIATÔNICA - quando as notas se sucedem por tons e semitons:

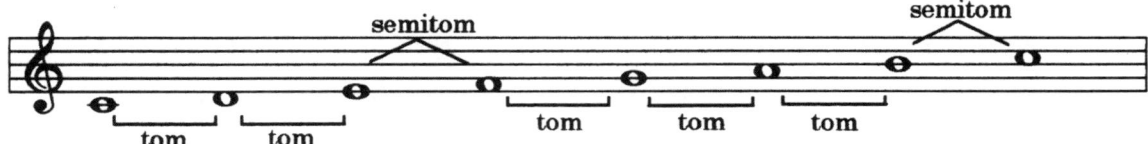

Portanto, a escala tem três formas:
MAIOR, MENOR e SEMITONADA (CROMÁTICA).

MODO é a maneira como os tons e semitons se distribuem entre os graus da escala.

ESCALA - MODO MAIOR - é aquele em que os semitons se distribuem entre os graus: III - IV e VII - VIII :

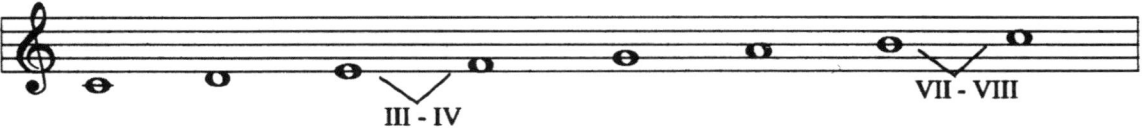

ESCALA - MODO MENOR - é aquele em que os semitons se acham entre os graus: II - III e V - VI :

TONALIDADE

ESCALAS EM TODAS AS TONALIDADES

Conhece-se a "tonalidade" pelo número de acidentes junto à clave. Música tonal.

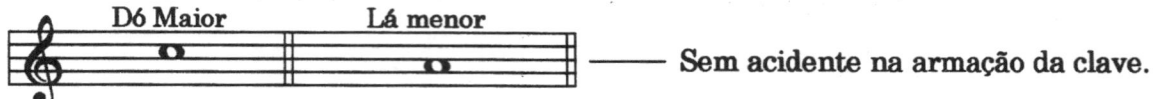 —— Sem acidente na armação da clave.

COM SUSTENIDO
MAIORES - relativas - MENORES

COM BEMOL
MAIORES - relativas - MENORES

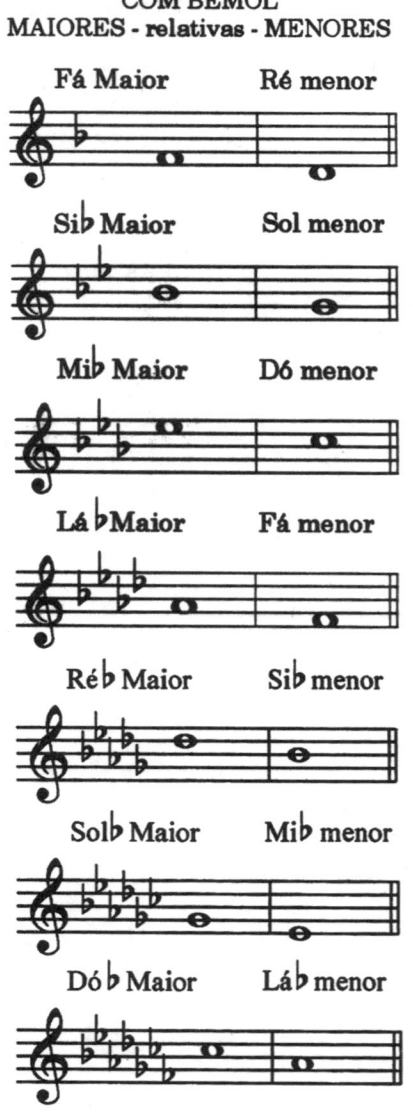

O tom tem dois modos: MAIOR e MENOR; a 1ª nota do tom menor acha-se uma 3ª abaixo da 1ª nota do tom maior, ou seja, uma nota abaixo do último sustenido da clave ou uma 3ª acima do último bemol.

Cada semitom da escala cromática oferece base para uma nova escala em grau mais elevado, resultando desta sequência a soma de 12 tons maiores; e como cada tom maior tem o seu relativo menor, por conseguinte os tons são 24: 12 maiores e 12 menores.

INTERVALO

INTERVALO é a distância existente entre um tom e outro diferente (entre uma nota e outra).

Podem ser: MELÓDICOS e HARMÔNICOS:

MELÓDICO: quando as notas soam sucessivamente =

HARMÔNICO: quando as notas soam simultaneamente =

Qualidades	Escrita em música	Distância em semitons	Qualidades	Escrita em música	Distância em semitons
2ª menor m		um	5ª DIM		seis
maior M		dois	J		sete
aumentada AUM		três	AUM		oito
3ª diminuta DIM		dois	6ª DIM		sete
menor		três	m		oito
maior		quatro	M		nove
aumentada		cinco	AUM		dez
4ª diminuta		quatro	7ª DIM		nove
justa J		cinco	m		dez
aumentada		seis	M		onze

P. Bona - Método Completo de Divisão Musical

SONS ENHARMÔNICOS

São os sons que têm a mesma altura e nomes diferentes.

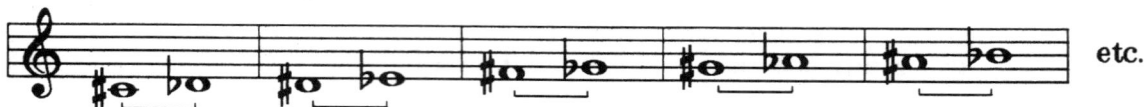

ANDAMENTO

ANDAMENTO é o grau de velocidade da música. Aparece com indicações no início de uma peça mas, às vezes no decorrer da mesma. Tradicionalmente é indicado com palavras italianas porém, no Brasil já se usam expressões em nosso idioma.
Variam desde os vagarosos até os mais rápidos:

GRAVE, LARGO, LENTO = movimentos vagarosos;
LARGHETTO = menos lento que os antecedentes;
ADAGIO = menos lento que o Larghetto;
ANDANTE = num andar controlado, menos que o Adagio;
ANDANTINO = um pouco mais ligeiro que o Andante;
MODERATO = moderado, reprime a vivacidade do Allegro;
ALLEGRETTO = mais rápido que o Andantino e que o Moderato;
ALLEGRO = movimento mais alegre, com mais entusiasmo, quase vivo;
VIVACE = rápido, bem vivo, animado;
PRESTÍSSIMO = empregar mais rapidez que o antecessor.

Existe um aparelho para marcar precisamente o **andamento**. Chama-se METRÔNOMO. Idealizado por WINCHEL (segundo Carlo Pedron) e aperfeiçoado pelo mecânico austríaco Johann Nepomuk MAELZEL em princípios do século XIX.

PALAVRAS QUE INDICAM EXPRESSÃO

AMOROSO = expressão terna e romântica;
AFFETUOSO = com afeto, dócil;
CANTABILE = com alma e simplicidade, cantado;
CON ANIMA = com alma, disposição, sensibilidade;
CON BRIO = briosamente, com entusiasmo;
CON SPIRITO = espirituosamente, com finura;
GIOCOSO = jocoso, engraçado, divertido;
RISOLUTO = resoluto, com ímpeto;
GRAZIOSO = graciosamente, não se precipitar;
LAMENTABILE = lamentoso, lento e triste;
AGITATO = agitado, perturbado, com desespero;
CON MOTO, MOSSO, CON FUOCO = movimentado, calorosamente, fogosamente;
SCHERZANDO = brincando, jocosamente;
TRANQUILLO = tranquilo, sem correr;
MESTO ou FLEBILE = triste, lamentável;
CON ESPRESSIONE ou ESPRESSIVO = com expressão e sensibilidade;
SOSTENUTO = sustido, sustentando bem todos os tempos.

Expressões brasileiras para andamentos ou interpretação:
Terno, Cantando, Dengoso, Saudoso, Sem pressa, Devagar, Gingando, Sentido, Dolente, Depressa, Molengamente, Tristonho, Saltitante, Calmo, Alegrinho, Impulsivo, Lamentoso, Com ímpeto, Ritmado e outros.

MODIFICAÇÕES DO MOVIMENTO E DA INTENSIDADE

ABREVIATURAS	PALAVRAS CORRESPONDENTES	SIGNIFICADO
Mez. voc.	Mezza voce	
Mez. fr.	Mezzo forte	
Sotto voc.	Sotto voce	Com suavidade e doçura
Dol.	Dolce	
p	Piano	
Cal.	Calando	
Dim.	Diminuendo	
Mor.	Morrendo	Diminuindo o som
Decresc.	Decrescendo	
Smorz.	Smorzando	
Cresc.	Crescendo	Aumentando o som
Rinf.	Rinforzando	
Manc.	Mancando	Desfalecendo o som e o compasso
Perd.	Perdendosi	
Rall.	Rallentando	Retardando o compasso
Rit.	Ritenuto	
Accel.	Accelerando	Acelerando o compasso
String.	Stringendo	
Ad. lib.	Ad libitum	À vontade
A piac.	A piacere	
f	Forte	
$f\!f$	Fortíssimo	
$s\!f\!z$	Sforzando	Reforçando
pp	Pianíssimo	Mais baixo que o p com muita suavidade
Ten.	Tenuto	Prendendo a nota
Non tropp.	Non troppo	Não muito
D.C.	Da Capo	Tornar ao princípio
V.S.	Volti subito	Voltar a folha
Molto ou Assai		Muito
Comodo		Comodamente
Più		Mais
Legato		Ligado
Allargando		Alargando
a piacere		À vontade
rubato		Com liberdade
con moto		Com movimento
stretto		Imitação estreita
abbastanza		Bastante
rinforzando		Reforçando
a tempo - in tempo - tempo primo		Volta ao andamento inicial

BIS = indica repetição de um ou mais compassos.

DOS ORNAMENTOS E SUAS ABREVIATURAS

ORNAMENTOS são pequenas notas que servem para adornar as grandes.
Dividem-se em:
APPOGGIATURAS, MORDENTES e GRUPETOS.

EXEMPLOS

APPOGIATURA:

longa   curta

MORDENTE:
Execução:
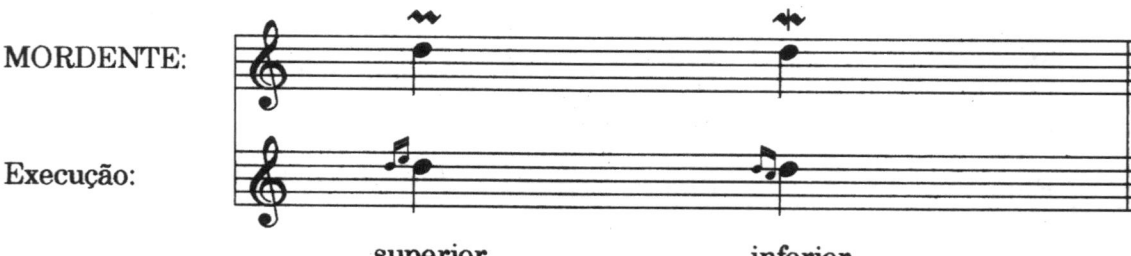
superior   inferior

GRUPETO:
Execução:

TRILLO ou TRINADO. É um movimento que a voz ou instrumento produz, ligando um som expresso ao imediato superior ou inferior.
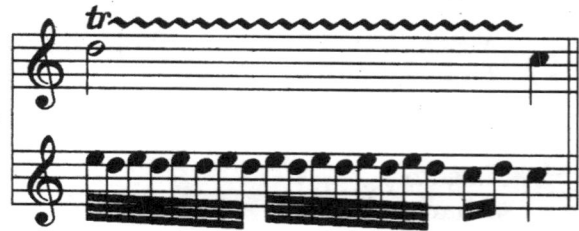

ABREVIATURAS

ABREVIATURAS são certos sinais e palavras usadas na música para evitar a escrituração de compassos ou passagens semelhantes.
TRAVESSÃO serve para fazer repetir as passagens antecedentes e também para cortar uma nota produzindo o seu valor em notas de repique.

ABREVIATURAS

O termo SIMILE ou SEGUE junto a uma harmonia, indica repetição exata das precedentes (acorde quebrado).

A palavra ARPEGGIO junto a um acorde, designa execução arpejada, não saindo nunca dos sons expressos.

Os silêncios de dois ou mais compassos indicam-se por algarismos postos sobre um travessão, assim:

Este sinal 8va---, que se assina quase sempre superiormente a um determinado número de notas, serve para as transportar uma oitava mais alta até encontrar-se o termo LÓCO, ou o rastilho interrompido.

Este outro *Con* 8va, ou *Col* 8va, que é mais frequente nas músicas de piano, indica execução das notas em oitava.

EXEMPLOS

QUIÁLTERAS

Grupo de notas que não obedecem à divisão normal do compasso ou à subdivisão normal de seus tempos, quer para mais, quer para menos. Aparecem em linhas curvas ou por um colchete e são chamadas pelo número de notas que as compõem.

São sempre notadas com algarismos:

três-quiálteras ou tercinas   cinco-quiálteras

seis-quiálteras   sete-quiálteras

linha curva 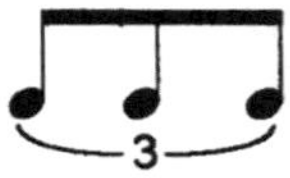   colchete

LIGADURA

Linha curva que une os sons (duas notas) da mesma altura, une o valor da 1ª ao da 2ª. Em trechos musicais, indica uma frase.

PIÁ TRAVESSO

Yves Rudner Schmidt

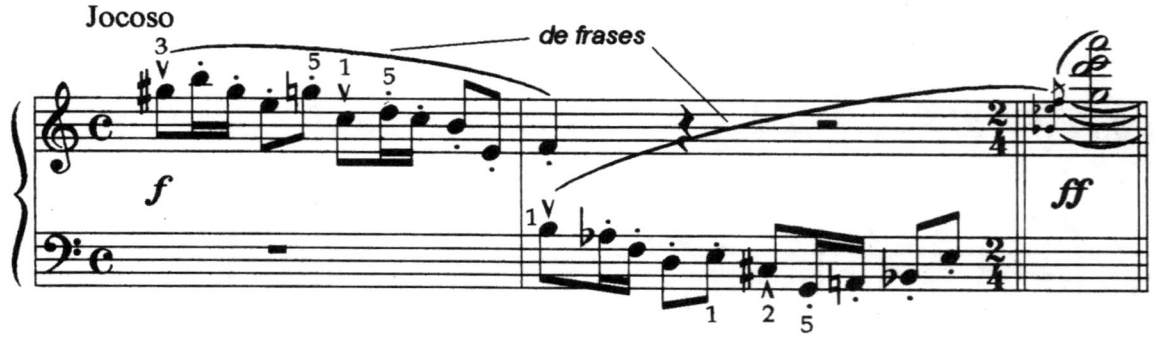

Copyright 1982 by
IRMÃOS VITALE S/A Ind. e Com.

P. BONA - Lição 85 - 2ª Parte
IRMÃOS VITALE S/A Ind. e Com.

CONTRATEMPO

Na combinação de valores em uma peça, o acento normal é deslocado, em vez de ser no tempo forte, cai no fraco (ou parte fraca do tempo); os tempos fortes são preenchidos por pausa, e os fracos com notas:

SÍNCOPA

Deslocamento da acentuação normal dos tempos do compasso, pela prolongação de tempo fraco (ou parte fraca do tempo), para o tempo forte (ou parte forte do tempo):

Método Completo Para Divisão

Exemplos de execução

Os números 1, 2, 3, 4, indicam os tempos que constituem o compasso. A sílaba **Do-o-o-o**, indica a pronúncia prolongada com a leve acentuação de cada tempo.

As palavras um, dois, três, quatro são necessárias para indicar e marcar os tempos correspondentes às pausas ou silêncios.

Para as figuras do valor de quatro quartos

Para as figuras do valor de dois quartos

Para as figuras do valor de um quarto

Para figuras pontuadas

Para vários agrupamentos de notas

PRIMEIRA PARTE

A LIGADURA ⌒ serve para unir os sons. Quando liga duas notas do mesmo nome, só pronuncia-se a primeira aumentada do valor da segunda.

59.

Exemplo de pontos simples, dobrado e ligadura

60.

O professor explicará aos alunos os casos em que o ponto, a ligadura e a síncopa produzem o mesmo efeito.

EXEMPLO:

Ponto simples   Ligadura   Síncopa   Ligadura

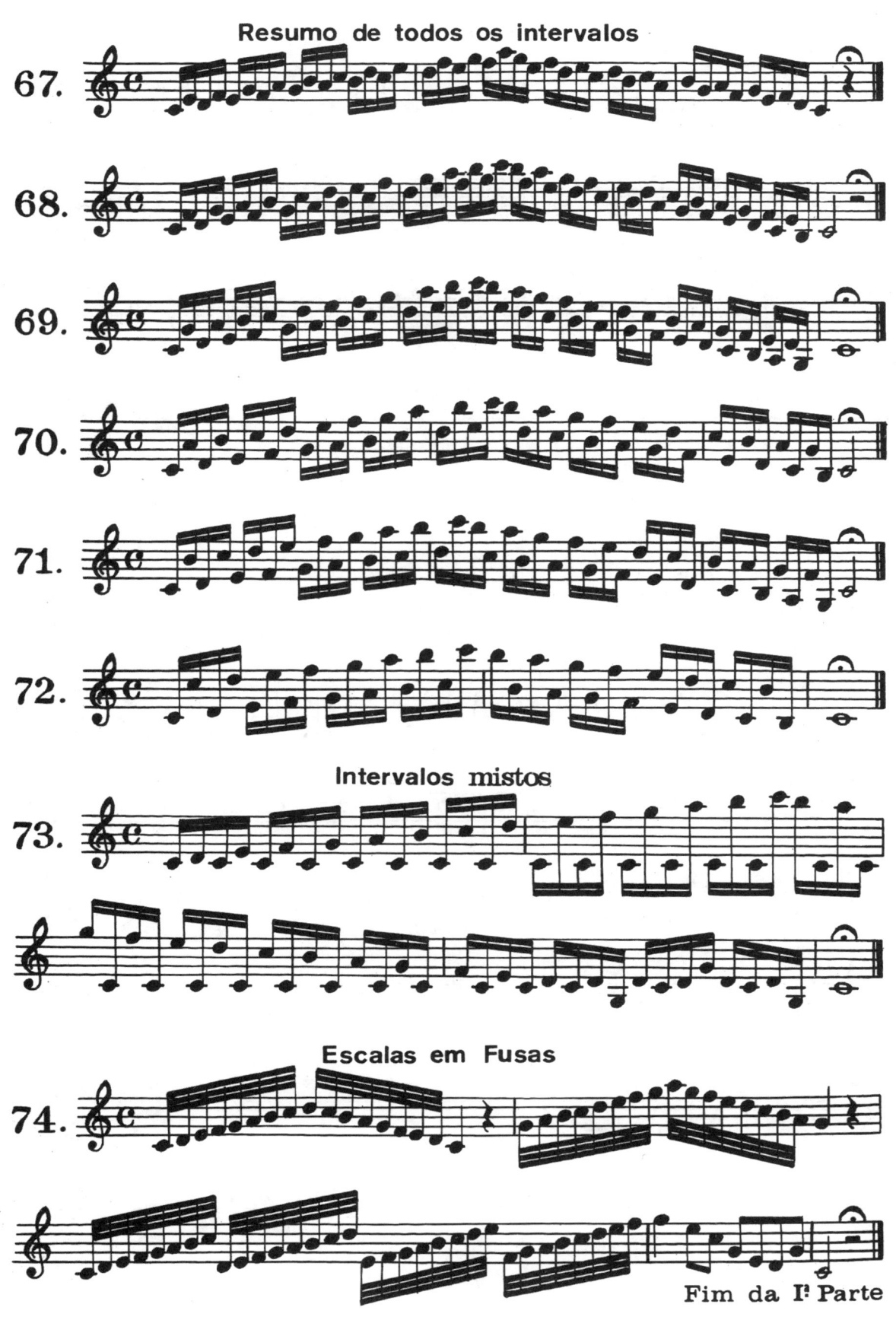

SEGUNDA PARTE

* A lição de número 77 poderá também ser estudada em compasso binário ¢ 2/2.

85. Adagio

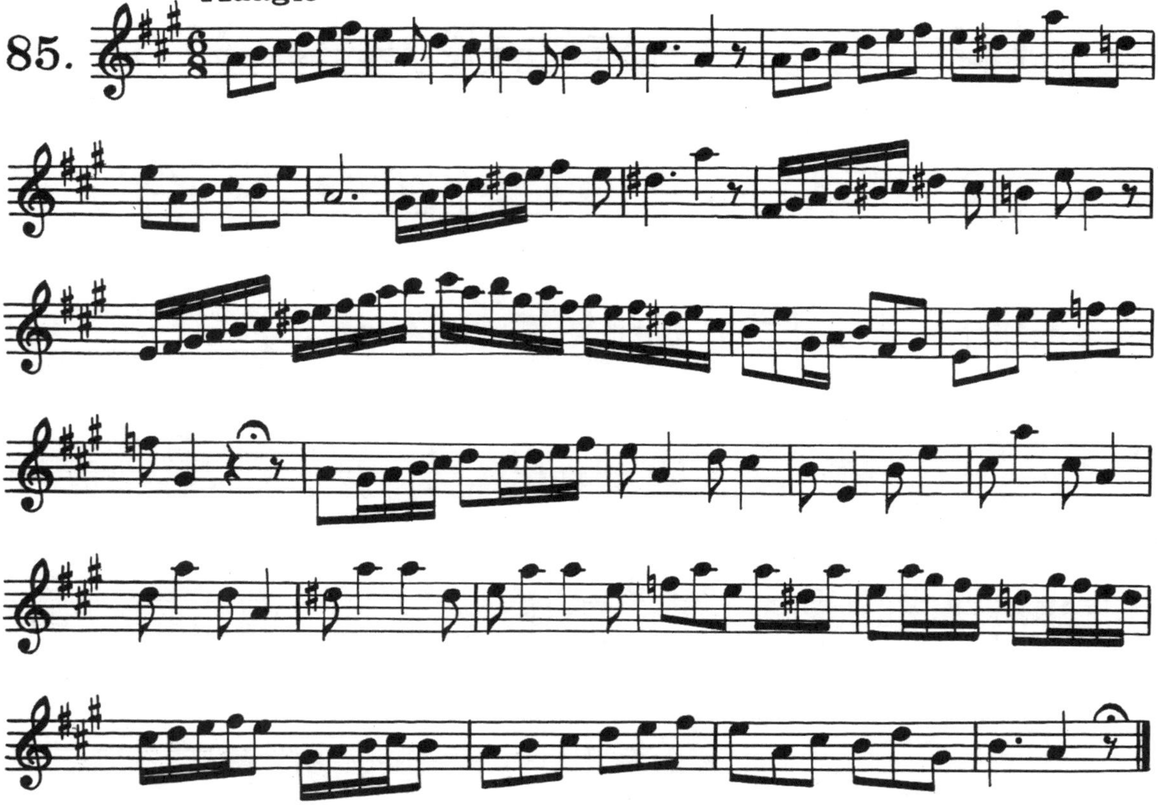

86. Allegretto

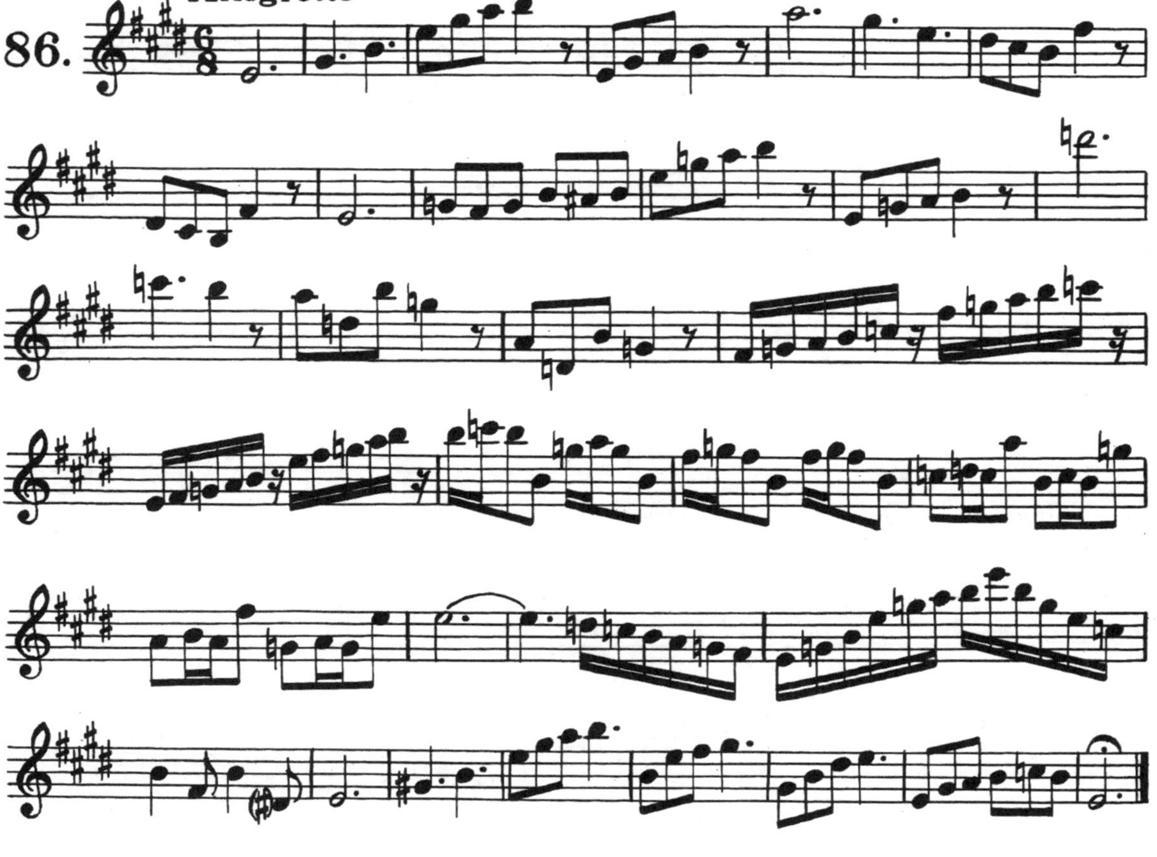

87. Moderato assai

88. Allegretto moderato

89. Sostenuto

90. Moderato assai

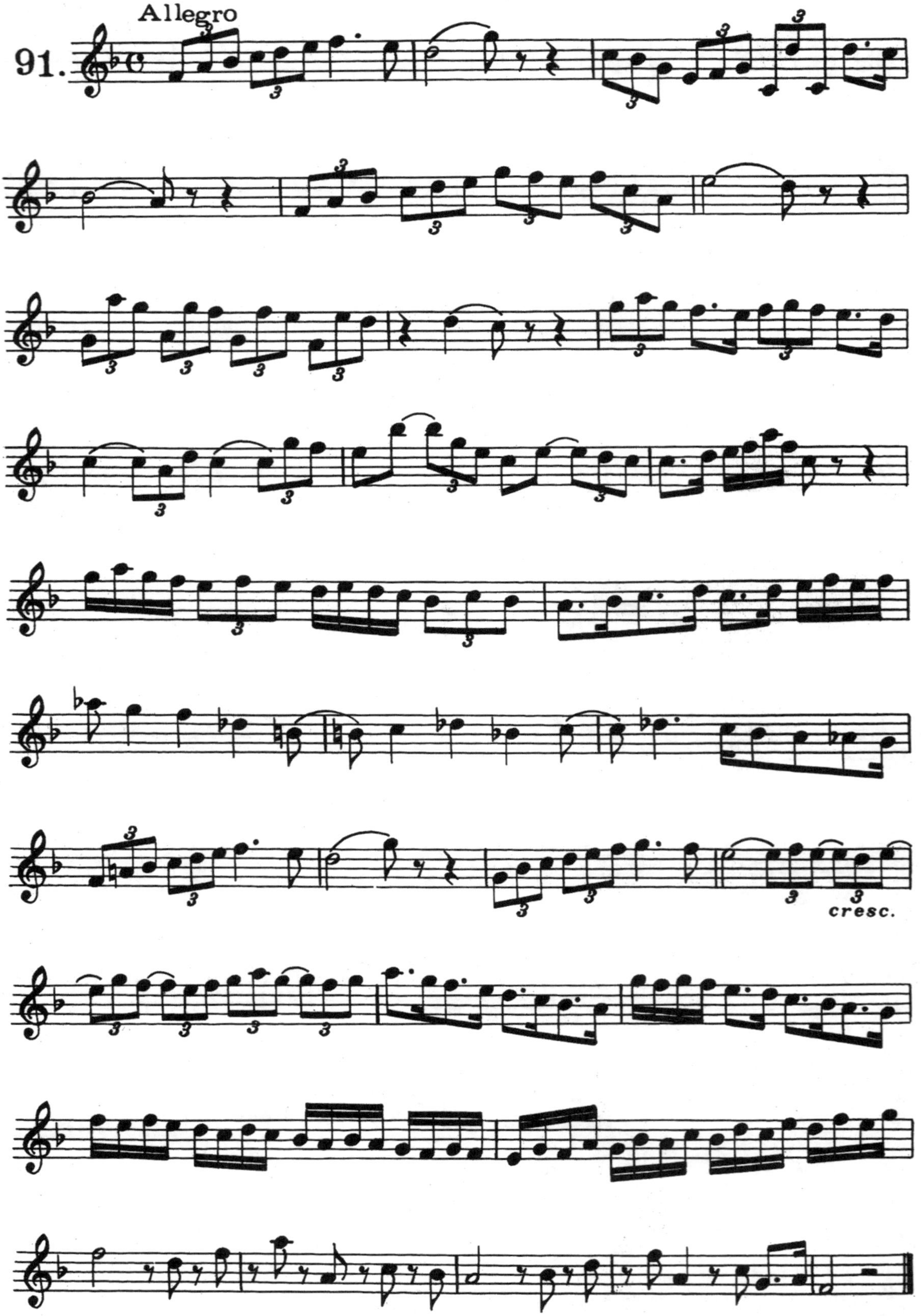
Allegro
91.
cresc.

92. Andante

P. Bona - Método Completo de Divisão Musical

(1) Acentuar bem, embora seja Cadência.

94. Andante

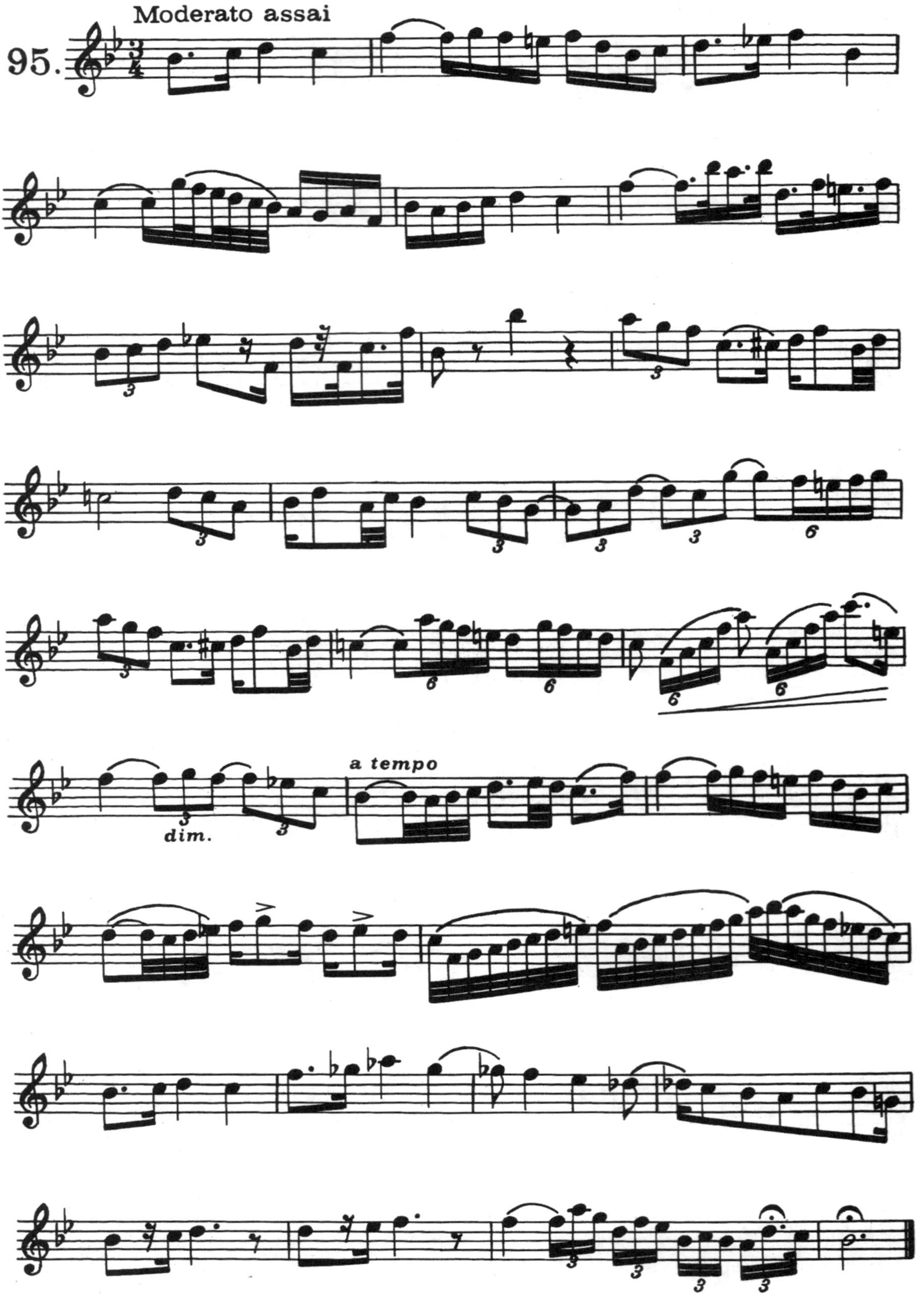
Moderato assai
95.
dim.
a tempo

96.

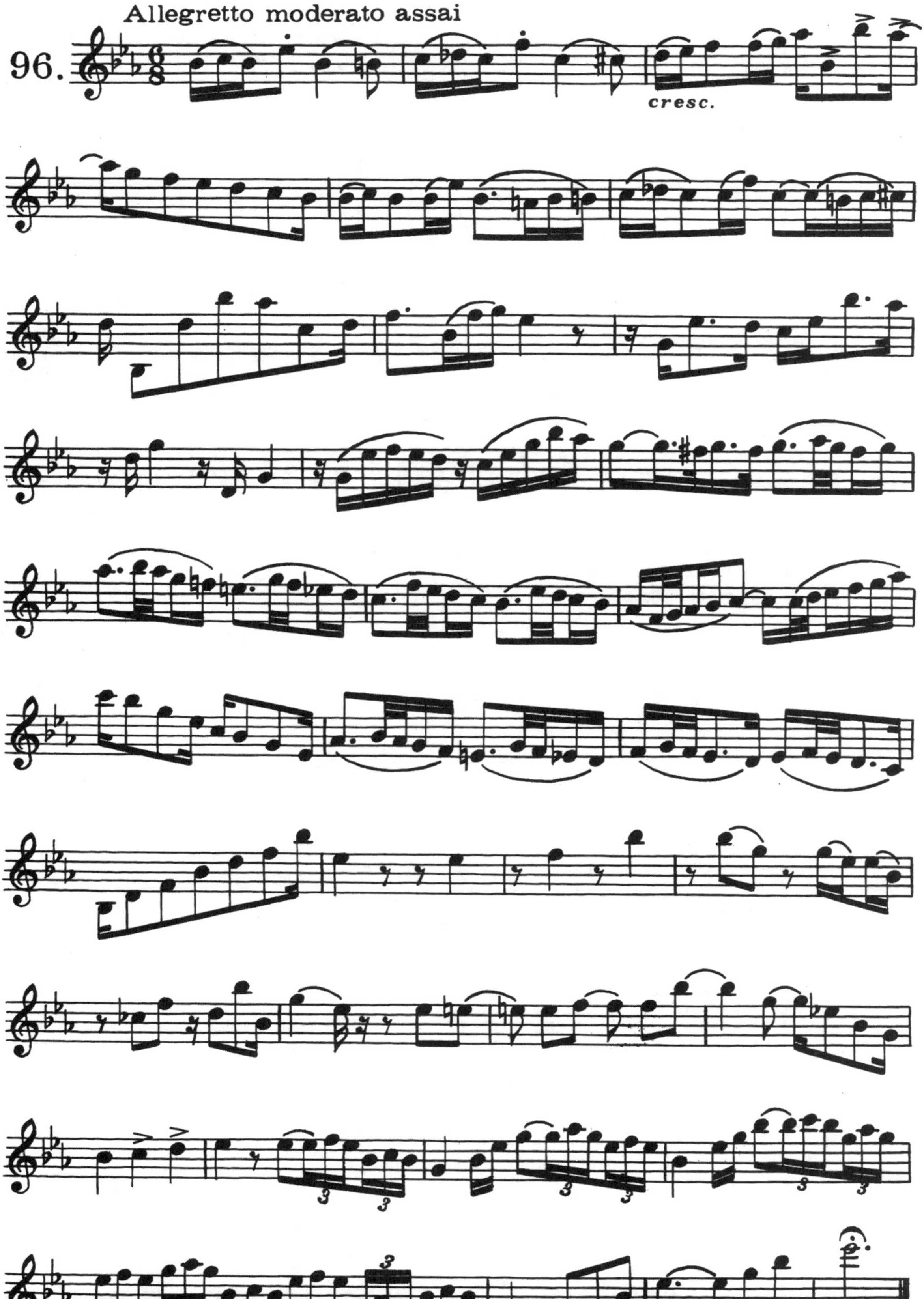

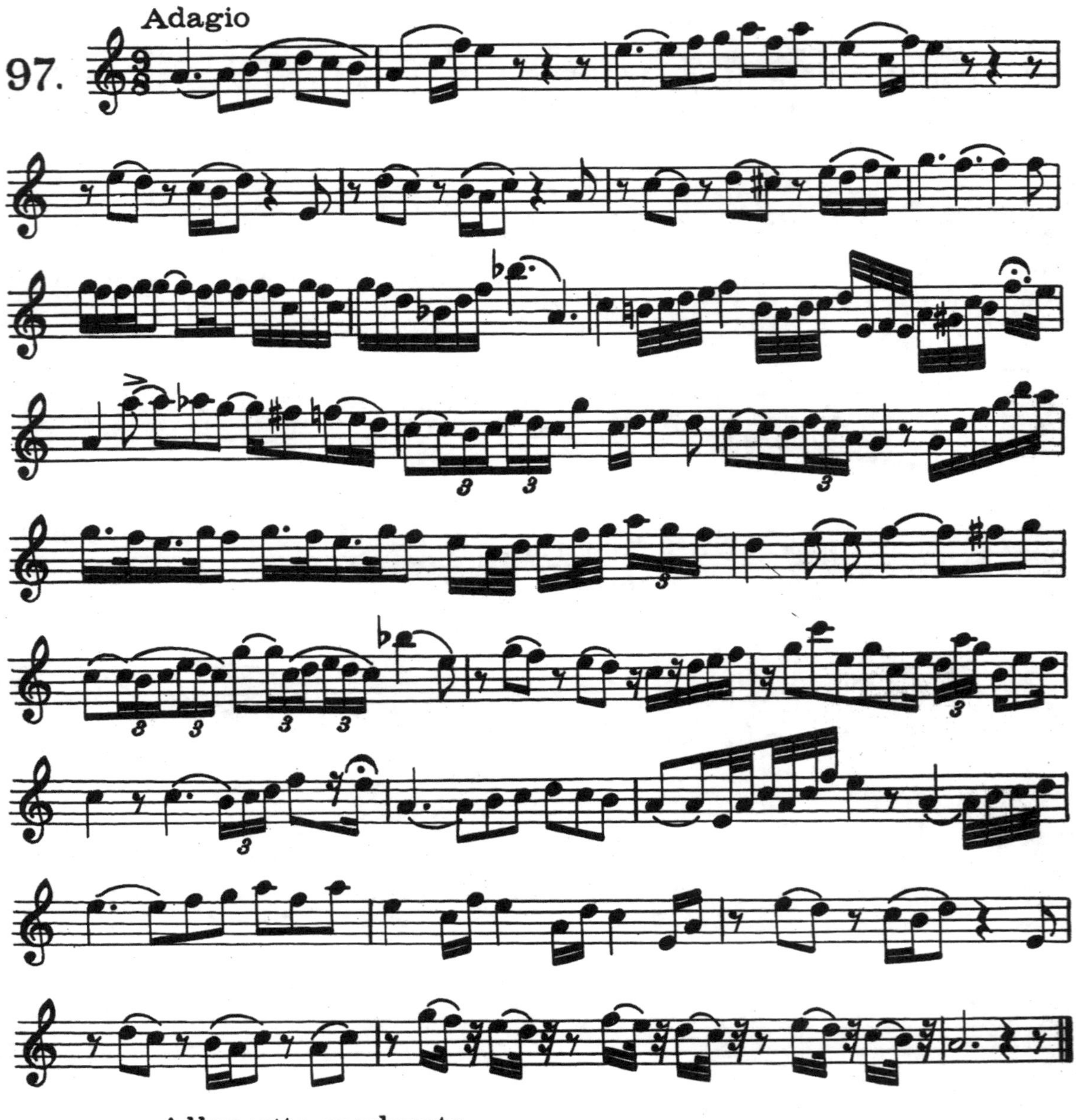
Adagio
97.

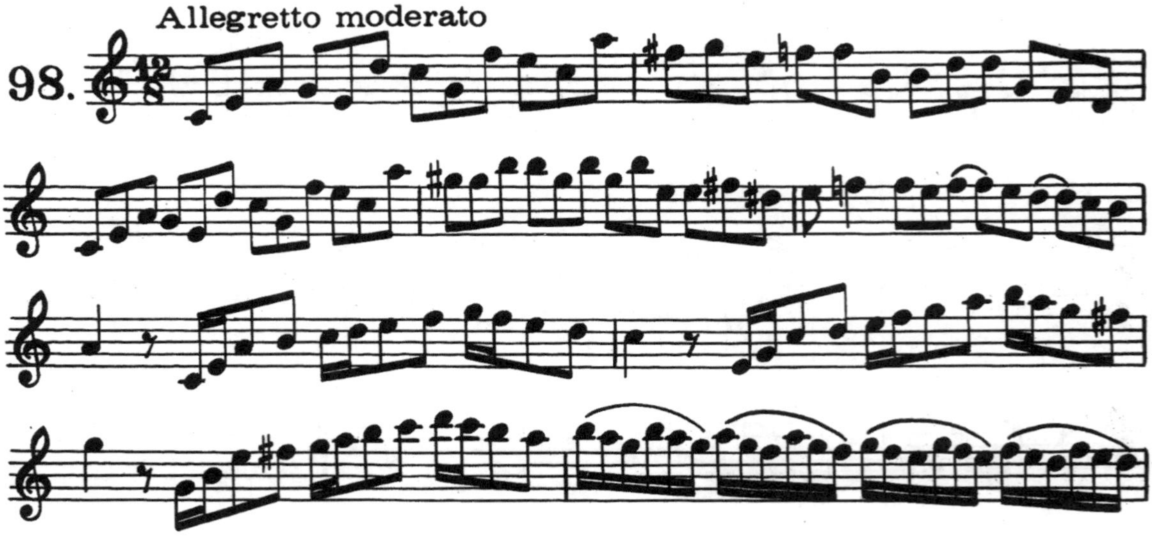
Allegretto moderato
98.

Fim da IIª Parte

TERCEIRA PARTE

Esta parte contém quase todas as combinações da divisão em todos os oito tempos, sinais de repetição e as alterações mais usadas.

99. Allegro moderato

100. Allegretto

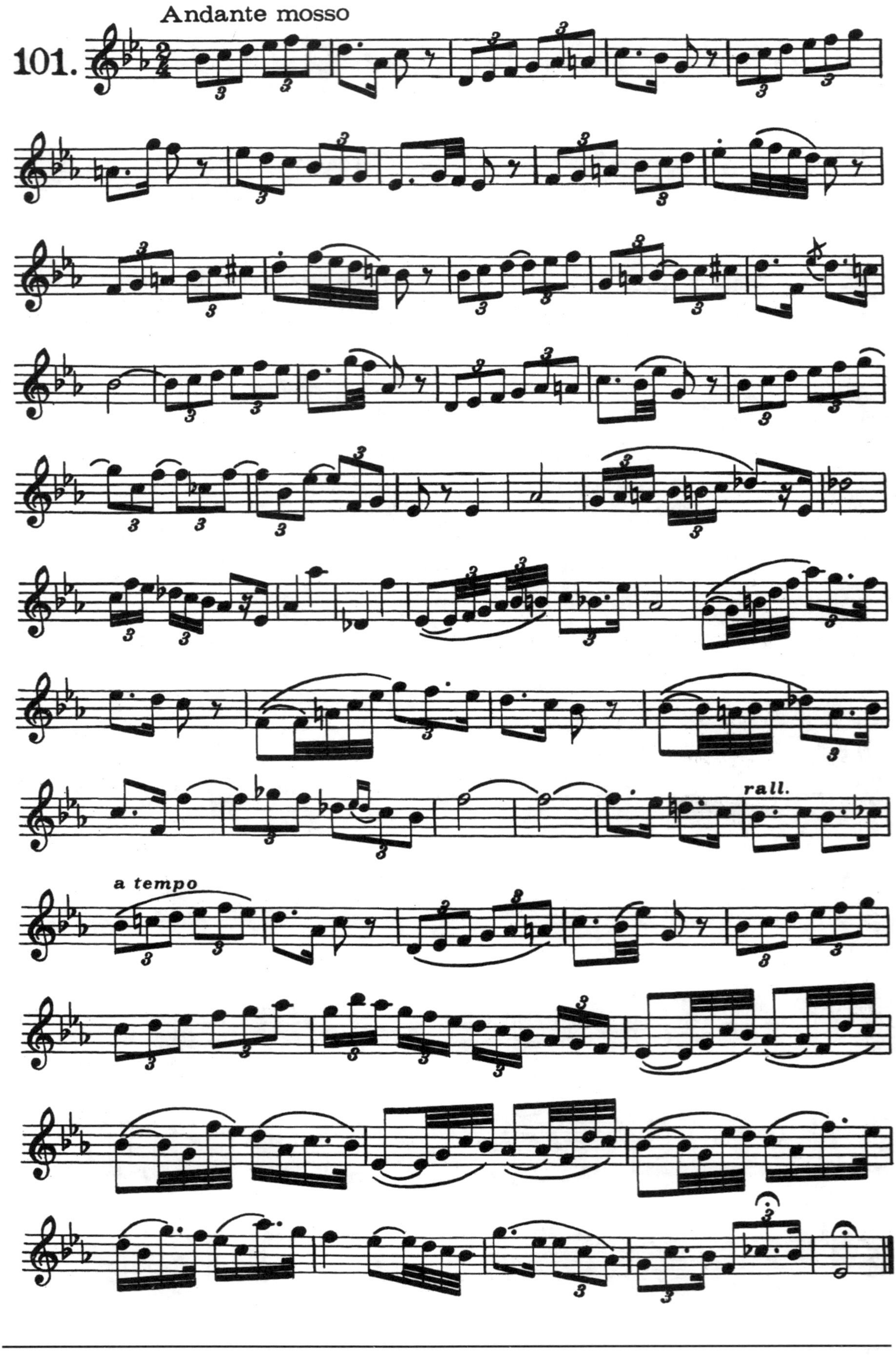
Andante mosso
101.
rall.
a tempo

102. Larghetto

103. Maestoso

104. Allegro giusto

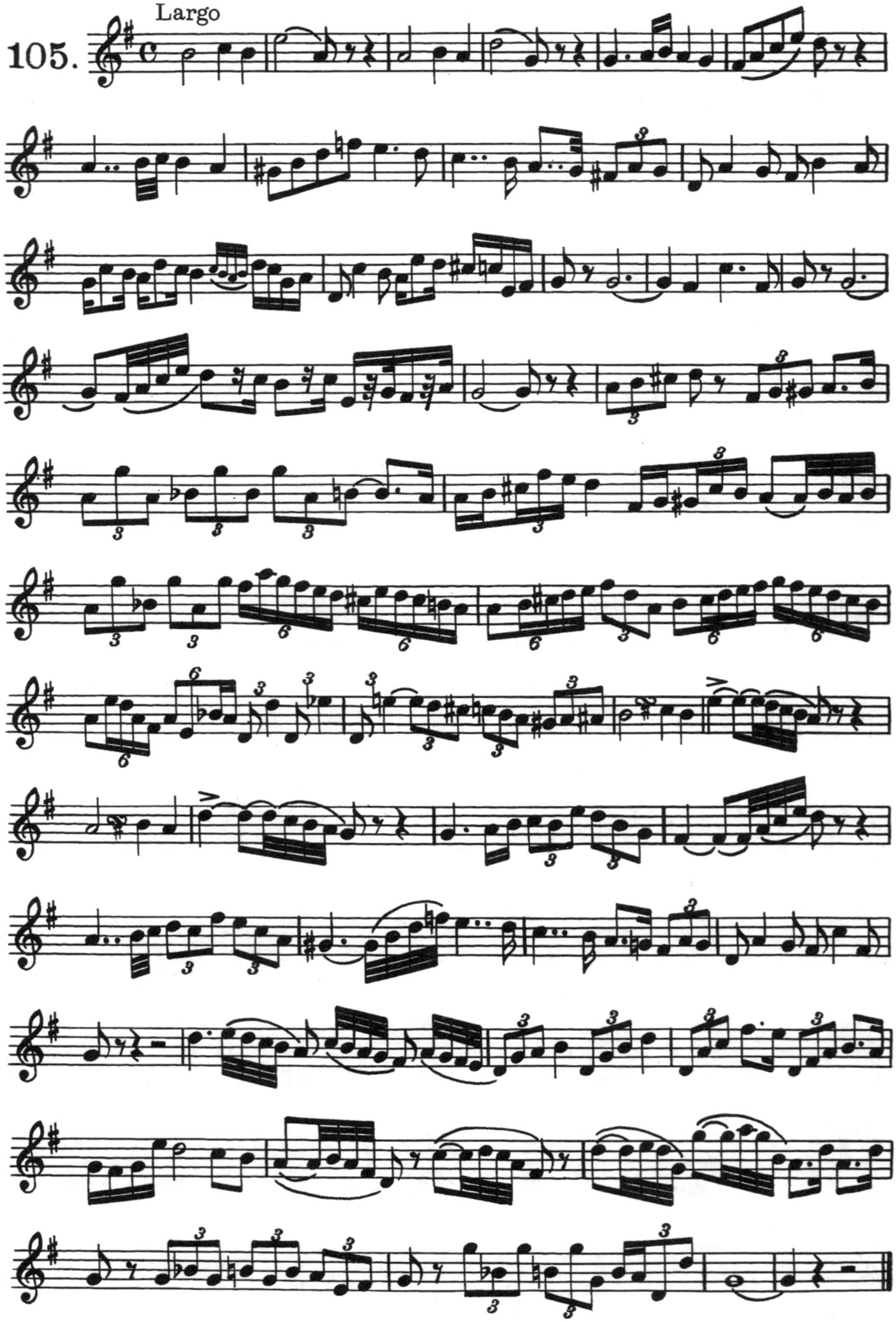
105.
Largo

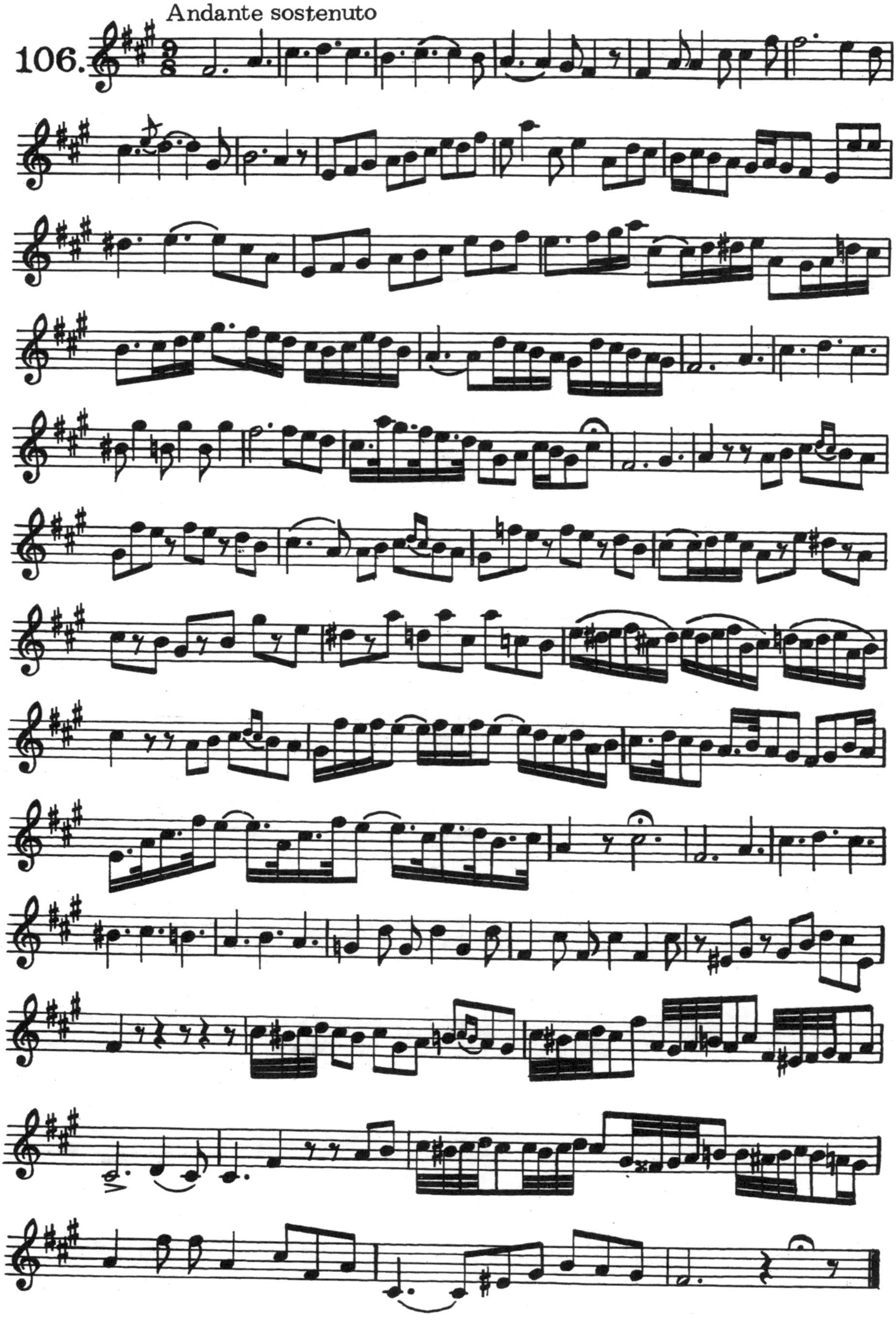
Andante sostenuto
106.

107. Allegro vivace

108. Adagio

109. Andantino grazioso

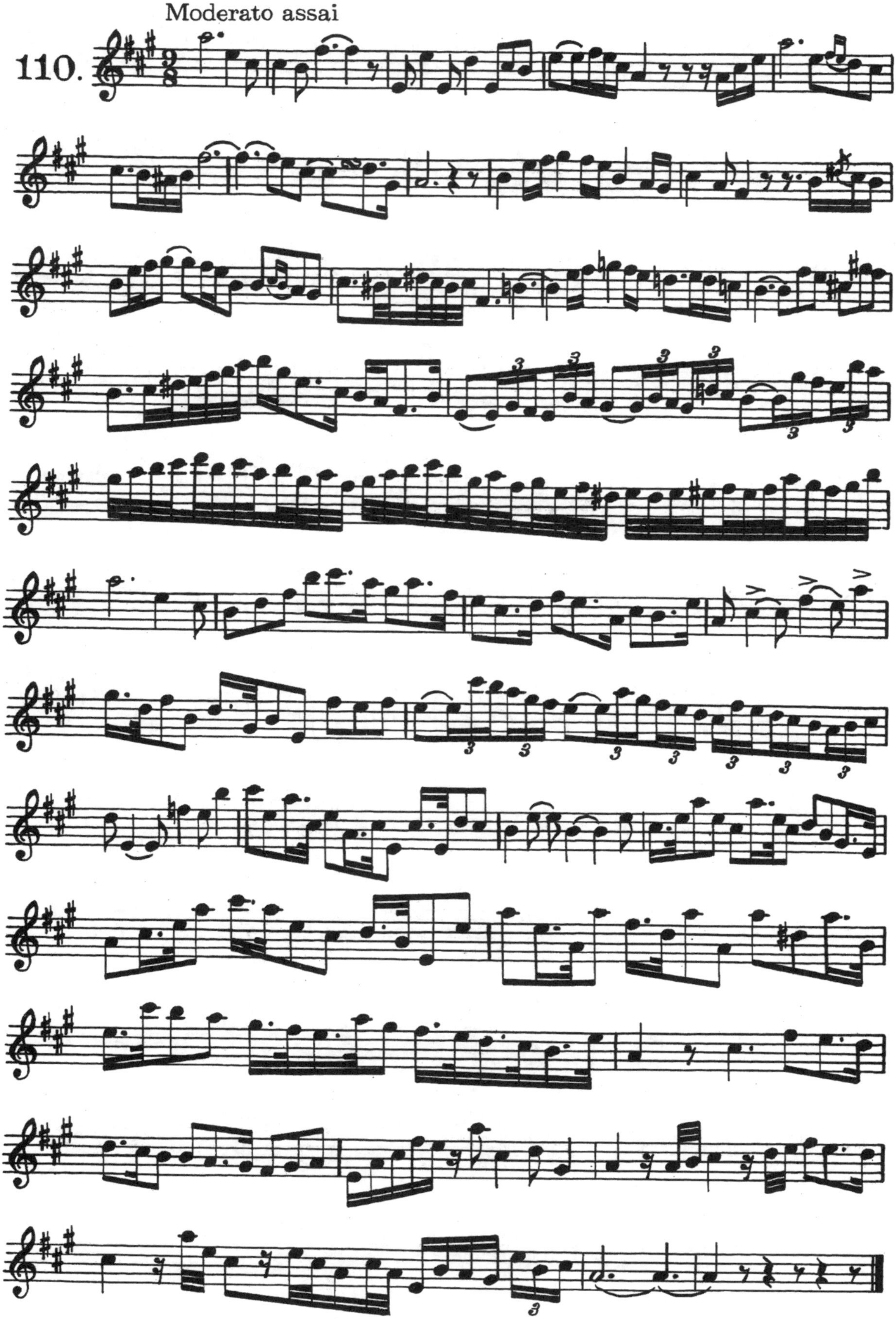
Moderato assai
110.

111.

112. Grave

con espressione

cresc.

113. Adagio

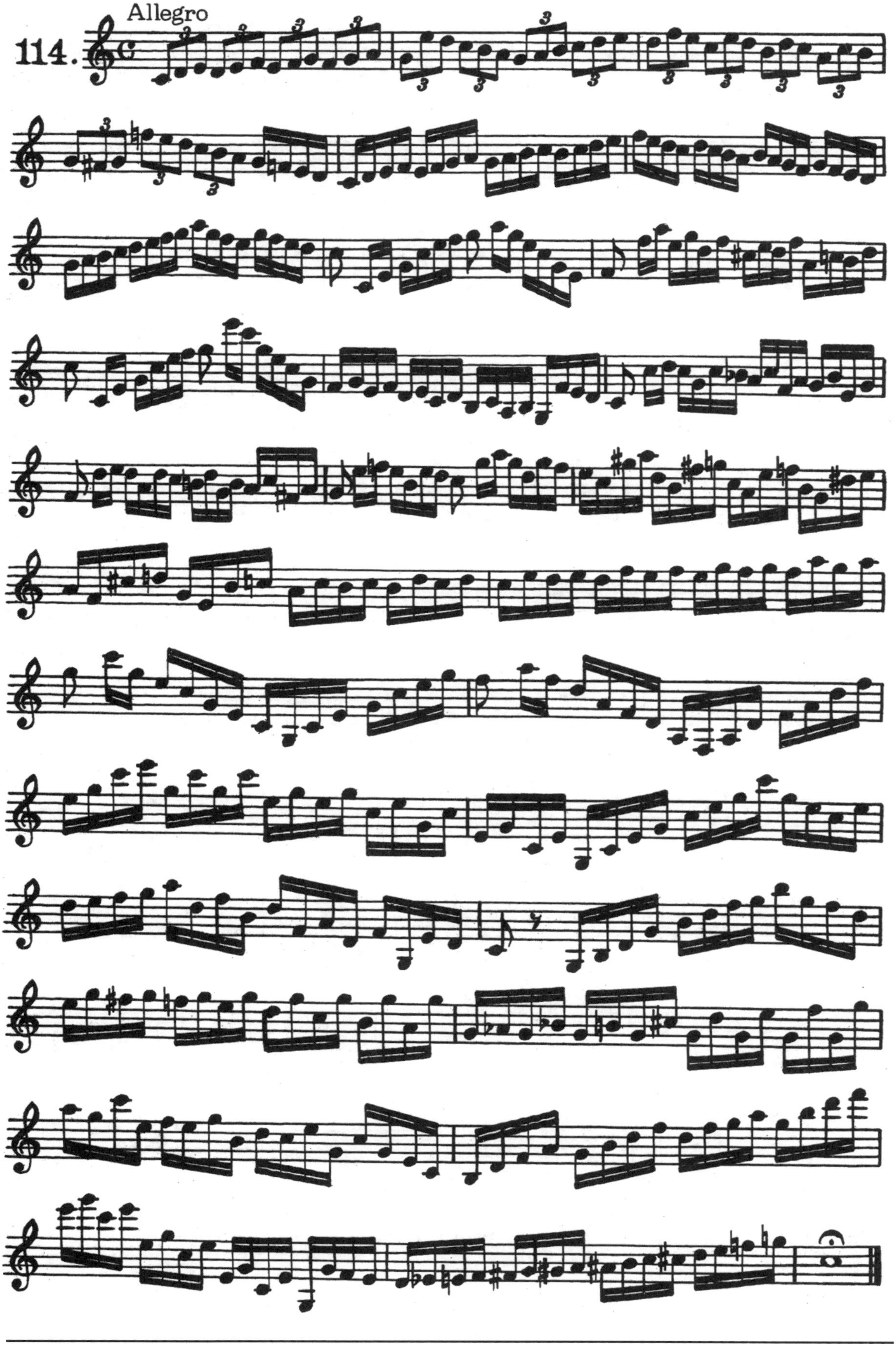
Allegro
114.

115. Allegro con brio

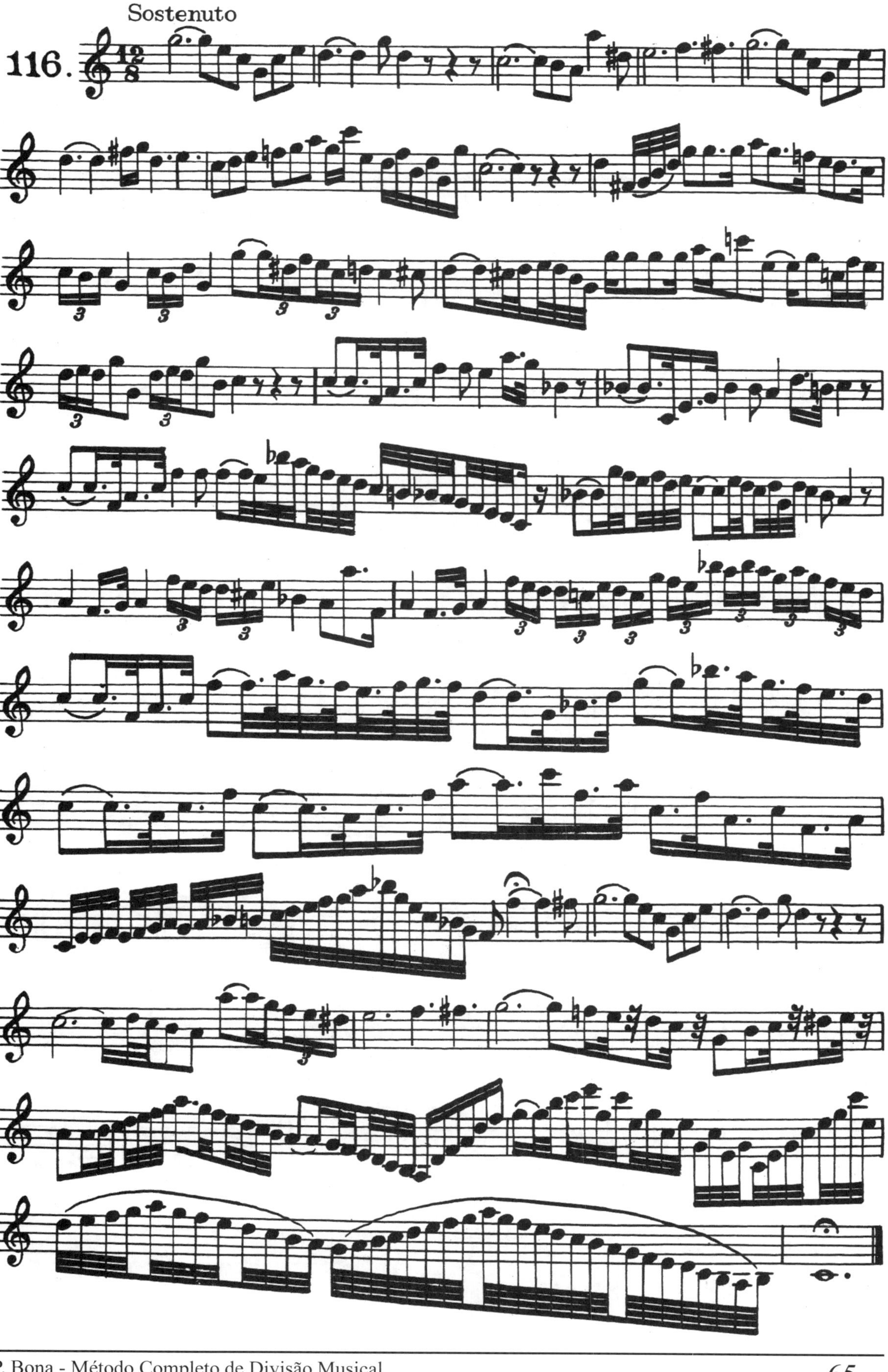
Sostenuto
116.

Sinais de abreviações e de repetições

117. Allegro mosso

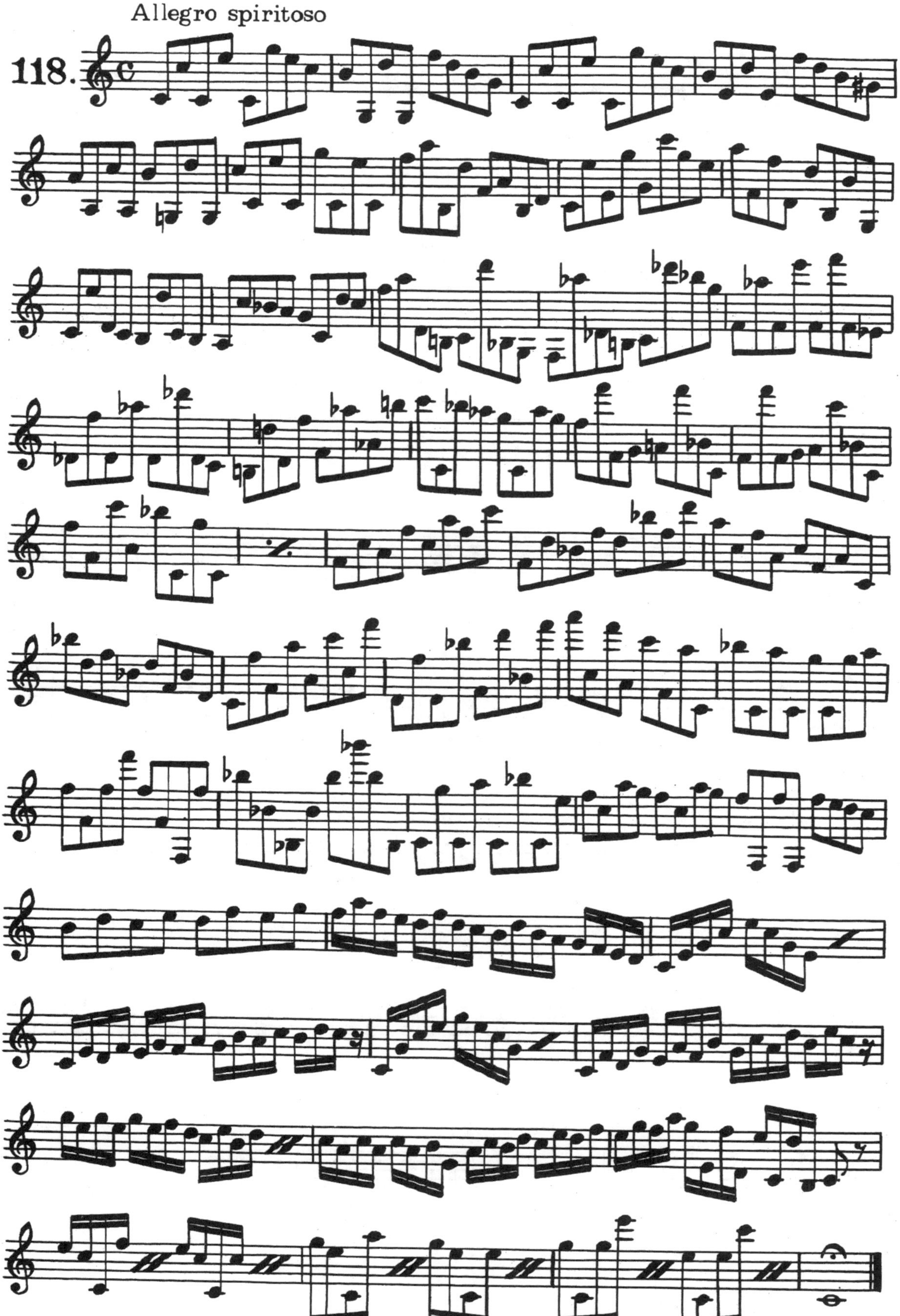
Allegro spiritoso
118.

Outros sinais de abreviações

119. Allegro

Più mosso

Encontram-se neste último Solfejo, todos os tempos estudados. Isso acostumará o discípulo à instantânea mudança de tempo.

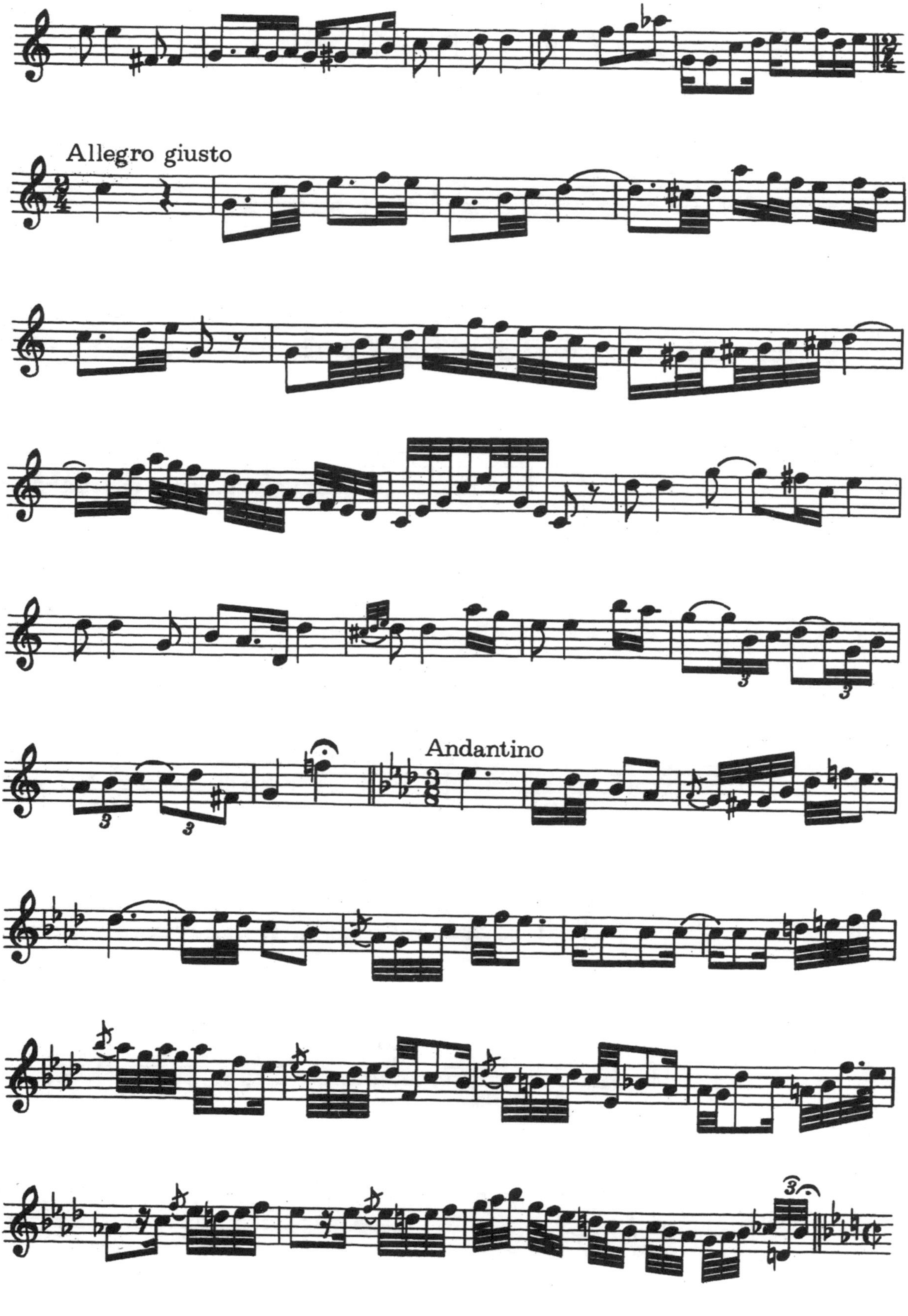
Allegro giusto
Andantino

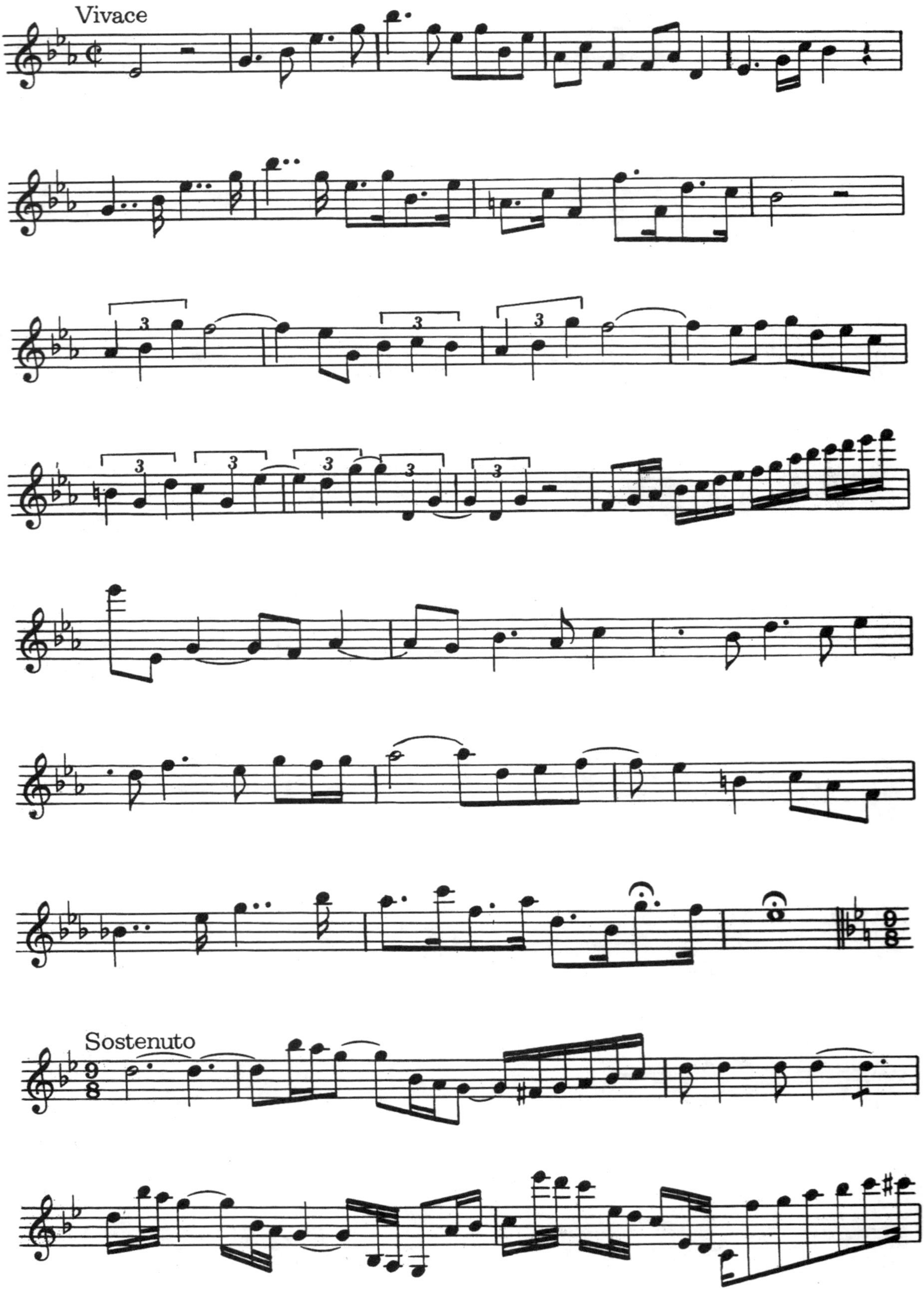
Vivace
Sostenuto

Fim da IIIª Parte

SOLFEJOS NAS DIVERSAS CLAVES

Nº 61 (da 1ª Parte) em Clave de Fá (4ª Linha)

Nº 63 (da 1ª Parte) em Claves de Sol (2ª linha) e Fá (4ª linha)

Nº 64 (da 1ª Parte) em Clave de Dó (1ª linha)